Tiki

Werner Tiki Küstenmacher präsentiert

Chris, die Kerze und DIE GESCHICHTE VON BROT & WEIN

Ein fröhliches Buch zur Kommunion

Mit viel Spaß produziert vom Pattloch Verlag

Die Deutsche Bibliothek - CIP - Einheitsaufnahme
Küstenmacher, Werner:
Chris, die Kerze und die Geschichte von Brot & Wein; ein Buch zur Kommunion/Werner Tiki Küstenmacher - Augsburg Pattloch, 1994
ISBN 3-629-00436-9 NE; HST

Pattloch Verlag, Augsburg

Druck und Bindung: Proost, Turnhout
Printed in Belgium
ISBN 3-629-00436-9

Hinter dieser Tür wartet ein Abenteuer ganz besonderer Art auf euch. Laßt mich mal die Geschichte von Brot und Wein erzählen...

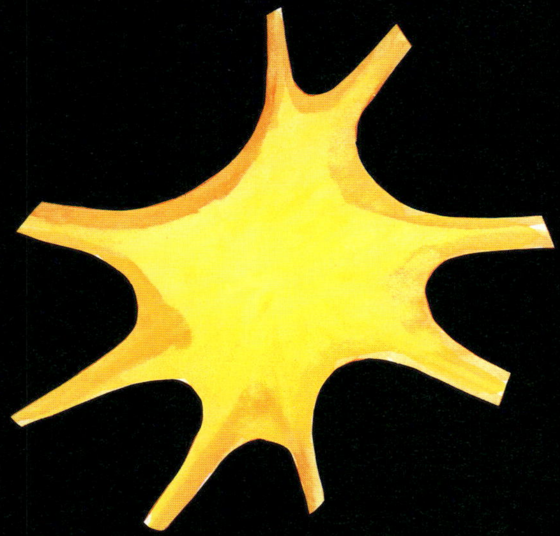

Die Sache mit Brot und Wein fängt ganz, ganz früh an. Schon bevor Gott die Welt erschuf, hatte er einen Beschluß gefaßt: Ich werde diese Welt mit den Menschen teilen.

Als Gott die Erde erschaffen hatte, hat er sie den Menschen anvertraut – damit sie ihnen alles gibt, was sie zum Leben brauchen.

Brot ist in vielen Ländern ein wichtiges Grundnahrungsmittel. Es ist ein Symbol für das Leben überhaupt, besonders auch für das Teilen und die Gemeinschaft.
Trocken Brot macht Wangen rot
Wein ist Symbol für das Trinken, ebenso lebenswichtig wie das Essen. Zugleich bedeutet Wein, daß die guten Gaben Gottes nicht nur Bedürfnisse befriedigen, sondern auch Freude bringen.
Wenn man's nicht übertreibt!

Essen und Trinken bedeutet Leben und Feiern. Jesus war bekannt dafür, daß er gern gefeiert hat. Einmal hat er sogar Wasser in Wein verwandelt.
wir heiraten
willkommen im schönen Kana!
Ich dachte, der Wein wäre alle ?!
Sonst gibt man doch zuerst den guten und, wenn sie betrunken...
PARTY SERVICE
Ein himmlisches Tröpfchen!
Vo..vorhin war das doch das Wa..Wa..Wasser zum Wa..Wa..Waschen...
Evangelium des Johannes Kapitel 2

BIO-MÜLL
Er wollte auch, daß alle Menschen die Güter der Erde gerecht teilen, damit keiner hungert. Das hat er gezeigt, indem bei ihm von fünf Broten und zwei Fischen fünftausend Menschen satt wurden.
5.000
Evangelium des Lukas Kapitel 9

Im Schweiße deines Angesichts sollst du dein Brot essen
Genesis 3,19
Paradies
Genesis 14,18
Melchisedek brachte Brot und Wein heraus
(JERU) SALEM
Sieben Tage lang sollt ihr ungesäuertes Brot essen
Exodus 12,15
Die Raben brachten ihm Brot
1. Könige 17,6
Du deckst mir den Tisch
Psalm 23,5
Der Wein erfreut das Herz des Menschen
Psalm 104,15

Brich mit dem Hungrigen dein Brot!
Jesaja 58,7
Ich bin das Brot des Lebens
Johannes 6,35
Der Mensch lebt nicht nur von Brot
Matthäus 4,4
Unser tägliches Brot gib uns heute
Matthäus 6,11
Berauscht euch nicht mit Wein!
Epheser 5,18
Die Bibel ist voller Worte über Brot und Wein. Die berühmteste und wichtigste Geschichte aber...

...ist das Pascha-Mahl, das Jesus kurz vor seinem Tod mit seinen Freunden feiert.
Das Paschafest erinnert an den Auszug Israels aus der Knechtschaft in Ägypten.
Laß mein Volk gehen, Pharao!
Exodus 10-13
Am Abend vor ihrem Auszug aßen die Juden damals ein hastig zubereitetes Mahl
Ungesäuertes Brot (Mazzen)
Vor der Hauptmahlzeit betet der Hausvater über dem Brot, bricht es und verteilt es.
Wein
Nach dem Essen spricht der Hausvater ein Dankgebet und gibt den Becher reihum.
Jesus gibt dem alten Brauch eine neue Bedeutung
Lammbraten
Am frühen Nachmittag wird das Paschalamm geschlachtet.
Bittere Kräuter
als Erinnerung an die Bitterkeit der Knechtschaft

Als sie aber aßen, nahm Jesus das Brot, dankte und brach es und gab es den Jüngern und sprach
Nehmt und eßt. Das ist mein Leib.
?
Nach dem Essen nahm er den Kelch, dankte, gab ihn seinen Jüngern und sprach:
Trinkt alle daraus. Denn das ist mein Blut des Bundes, das für viele vergossen wird zur Vergebung der Sünden.
Nach diesem Essen wurde Jesus verhaftet...

...und zum Tode verurteilt. Am nächsten Tag wurde er durch Kreuzigung hingerichtet. Er starb also kurz nach dem Paschalamm.
Lukas 23
Das war Freitag abends. Am Sonntagmorgen aber war das Grab leer. Der tote Jesus Christus ist auferstanden!
Er ist weg!
Lukas 24,1-12
Halleluja!
Der Herr ist auferstanden,
er ist wahrhaftig auferstanden!

Zwei Jünger, die das noch nicht wußten, waren gerade auf dem Weg nach Emmaus. Ein Dritter gesellte sich dazu, und sie luden ihn zu sich ein...
Als er mit ihnen zu Tisch saß, nahm er das Brot, sprach den Lobpreis, brach das Brot und gab es ihnen. Da erkannten sie, daß es Jesus war.
Das ist doch...
Ja! Echt!
JERUSALEM
EMMAUS
Lukas 24, 13–35

Das war sozusagen die erste heilige Messe nach Jesu Auferstehung.
Viele, viele sollten folgen...
EMMAUS
Maus?

Immer wenn die ersten Christen zusammenkamen, feierten sie dieses Mahl, wie uns berichtet wird:
Das sind die Berichte der Augenzeugen, später in den vier Evangelien aufgeschrieben
Sie hatten keinen Privatbesitz, sondern teilten alles miteinander
Sie hielten fest an der Lehre der Apostel und an der Gemeinschaft, am Brechen des Brotes und an den Gebeten
wie wir!
Gemeinsame Kasse
All das geschah zur Ehre Gottes
Apostelgeschichte 2,42
Am Anfang traf man sich in Privathäusern und feierte das Mahl des Herrn im Rahmen eines normalen Essens. Weil dabei auch die Armen gespeist wurden, nannte man das „Agape", Mahl der Nächstenliebe.
Lydia
Haute couture in Purpur

Das Mahl des Herrn hat viele Namen. Richtig sind alle, sie bezeichnen nur verschiedene Schwerpunkte des Ganzen.
„Er nahm das Brot, dankte und brach's ...
KOMMUNION „Gemeinschaft"
Und zwar Gemeinschaft untereinander und Gemeinschaft mit Gott
EUCHARISTIE „Danksagung"
MESSE „Sendung"
ABENDMAHL
Messe bezeichnet den ganzen Gottesdienst, in dessen Mittelpunkt die Eucharistie steht
Damit soll besonders an das abendliche letzte Paschamahl Jesu erinnert werden
Ite missa est! (geht, ich sende euch)
Zur Welt
SAKRAMENT
Eucharistie ist das wichtigste der Sakramente, der Zeichen Gottes für seine Gegenwart
TAUFE
FIRMUNG
EUCHARISTIE
BUSSE
KRANKENSALBUNG
PRIESTERWEIHE
EHE

Zeichen und Symbole sind wichtig, weil Gott und Glaube ja ziemlich unsichtbar sind. Schon die ersten Christen hatten solche Symbole
Am wichtigsten ist das **Kreuz**, Zeichen des Todes und der Auferstehung, des Sieges über den Tod
Der Tod ist tot!
Manchmal liegt am Fuß des Kreuzes ein Totenkopf. Das ist der Schädel Adams,* des ersten Menschen.
* Adam ist hebräisch und heißt auf deutsch „Mensch"
Wegen der Sünde des Einen (Adam) hat der Tod geherrscht. Durch die Auferstehung des Einen (Christus) ist der Tod besiegt.
Römer 5,12…
ΧΡΙΣΤΟΣ
So schreibt man „Christus" auf Griechisch
Chi = „ch"
Rho = „r"
Die beiden ersten Buchstaben bilden das Christuszeichen, das ich auf meinem Bauch trage.
Ich dacht' schon, des heißt „Pairisches Xangbuch"
Chr

Der Fisch ist ein beliebtes Geheimzeichen der Christen, bis heute!
I ΕΣΟΥΣ Iesus Jesus
X ΡΙΣΤΟΣ Christos Christus,
Θ ΕΟΥ The-u Gottes
Y ΙΟΣ Hyios Sohn,
Σ ΩΤΗΡ Sotär Retter
Das griechische Wort „Ichthys" für „Fisch" läßt sich zusammensetzen aus den Anfangsbuchstaben dieses Mini-Glaubensbekenntnisses
Das älteste Jesusbild zeigt ihn als guten Hirten (ohne Bart)...
...bald zeichnete man ihn auch als geopfertes Lamm
Auf den Gräbern der ersten Christen sieht man besonders oft Bilder von Brot und Wein, den Symbolen für das Ewige Leben

Was bei der Eucharistie genau passiert, bleibt Gottes Geheimnis. Trotzdem haben die Theologen nach Erklärungen gesucht, ist ja klar.
Das gebrochene Brot der Eucharistie ist ein Heilmittel zur Unsterblichkeit
Ignatius von Antiochien († 115)
Wie Gott in Jesus Christus Fleisch und Blut wurde, so wird Jesus Christus in der Eucharistie Brot und Wein
Justin der Märtyrer († 165)
Die wahre Speise und der wahre Trank ist das Wort Gottes, das die Seele ernährt
Origenes (185-254)
Dieses Brot und dieser Wein sind das Gegengift gegen den Giftstoff, der mit der Sünde in den Menschen eingedrungen ist.
Gregor von Nyssa (334-394)
Sakramente sind sichtbare Worte Gottes
Augustinus (354-430)

Im Abendmahlswunder wiederholt sich das Wunder der Menschwerdung Gottes
Johannes Damascenus (650–750)
In Brot und Wein ist jeweils der ganze Christus. Daher dürfen die Gläubigen ruhig auf den Kelch verzichten
Konkomitanz
Alexander von Hales (1185–1245)
In der Eucharistie verwandelt sich das innere Wesen von Brot und Wein
Trans-substantiation
Thomas von Aquin (1225–1274)
Ist das Brot verzehrt, so hinterläßt Gott in euch den Abdruck seiner Gnade, wie ein Siegel in warmem Wachs
Katharina von Siena (1347–1380)
Der Abendmahlstisch ist die Pforte des Himmels auf Erden
Martin Luther (1483–1546)
Die Geheimnisse Gottes soll man anbeten, nicht zerpflücken
Philipp Melanchthon (1497–1560)

Es ist und bleibt ein Geheimnis des Glaubens
Deswegen sprechen wir während der Messe diese Worte. Sie zählen alle Geheimnisse noch einmal auf
Deinen Tod, o Herr, verkünden wir...
...und deine Auferstehung preisen wir...
bis du kommst in Herrlichkeit
Wir sind unterwegs und wissen nicht, wohin uns unser Lebensweg noch führen wird
Wir wissen aber: Am Anfang steht Gott...
...und am Ende auch.
Und die Eucharistie ist unsere Wegzehrung

Puh! Was müssen wir denn jetzt machen?!
Ja, wie sollen wir uns darauf vorbereiten?
Dazu erzähle ich am besten noch eine Geschichte...

Jesus kommt gerade nach Kafarnaum, da tritt ein Hauptmann zu ihm
Herr, mein Diener liegt gelähmt zu Hause und hat große Schmerzen
KAFARNAUM
Die Attraktion am See Gennesaret
ZIMMER FREI
Matthäus 8,5-13

Ich will kommen und ihn gesund machen
Herr, ich bin nicht würdig, daß du eingehst unter mein Dach. Aber sprich nur ein Wort, so wird mein Diener gesund.
Diese Haltung hat Jesus imponiert. Der Diener wurde gesund zu derselben Stunde.
Deswegen sprechen wir vor der Kommunion fast genau diese Worte des Hauptmanns
Diener
Seele
Seht das Lamm Gottes, das hinwegnimmt die Sünde der Welt
Herr, ich bin nicht würdig, daß du eingehst unter mein Dach. Aber sprich nur ein Wort, so wird meine Seele gesund.

Kostet und seht, wie gut der Herr ist.
Das ist die Einladung an euch. Nun könnt ihr kommen!
Kostet und sehet, wie gut der Herr ist. Wohl dem, der zu ihm sich flüchtet
Ein Psalm Davids 34,9
Nun folgt die eigentliche Kommunion, die Austeilung. Das kann im großen Kreis geschehen...
... oder indem jeder einzeln am Priester vorbeigeht.
Der Leib Christi
Meistens bekommt ihr dabei nur das Brot, das ja auch den gesamten Christus enthält.
In der evangelischen Kirche (und immer öfter auch in der katholischen) gibt es Brot **und** Wein
Nimm den Kelch ruhig selber in die Hand
Manchmal ist es auch Traubensaft, mit Rücksicht auf alkoholkranke Menschen

Können wir denn auch in einer evangelischen Kirche zum Abendmahl gehen?
Tja, hm, äh, so richtig geht das eigentlich nicht...
(ein dunkles Kapitel)
Meine Vorstellungen von kommunion Amt etc.
...aber immer mehr Menschen wünschen sich, wenigstens gastweise bei der anderen Konfession teilnehmen zu können
Meine Meinung zum Abendmahl
Dadurch wird die Kirche eines Tages auch wieder zusammenwachsen...
...denn Kommunion heißt schließlich „Gemeinschaft"
Mit anderen teilen!
arm und reich!
alle Christen!
aus aller Welt!

So. Jetzt tretet ein. Ich wette, ihr werdet nun mehr sehen als nur Brot und Wein...

Das Fest der gesamten Schöpfung!

Es wird überall auf der Erde gefeiert. Feiert mit!
Oh Herr Jesus Christus,
wie dieses gebrochene Brot
zerstreut war auf den Bergen,
zusammengebracht aber
eine Einheit wurde
so bringe auch zusammen
deine Gemeinde
von allen Enden der Erde
in dein Reich.
(Eucharistiegebet aus dem Jahr 100)

IRISCHER FEUERSEGEN

Ich zünde das Feuer an
ohne Zorn, ohne Neid, ohne Angst
denn mein Beschützer ist Christus,
der Sohn des lebendigen Gottes.

So wie dieses Feuer, Herr,
entzünde in meinem Herzen
die Flamme der Liebe
für meine Feinde, meine Freunde
und meine Verwandten,
für die Klugen genauso
wie für die Dummen,
für die Freien und die Sklaven,
von den einfachen Leuten
bis hin zu dem,
der über alles erhaben ist.

Amen.

Tiki